चिह्न

चिह्न

पीयूष दईया

वाणी प्रकाशन

वाणी प्रकाशन

4695, 21-ए, दरियागंज, नयी दिल्ली 110 002

शाखा

अशोक राजपथ, पटना 800 004

फ़ोन: +91 11 23273167 फ़ैक्स: +91 11 23275710

www.vaniprakashan.in
vaniprakashan@gmail.com

CHINNH
by Piyush Daiya

ISBN : 978-93-5072-396-8
Poetry

प्रथम संस्करण

आकल्पन : मनीष पुष्कले ॥ आवरण-छायाकार : संतोष पासी

मूल्य : ₹ 150

न्यू कृष्णा ऑफ़सेट, दिल्ली-110 093 में मुद्रित

वाणी प्रकाशन का लोगो मक़बूल फ़िदा हुसेन की कूची से

अनिल और सुनील के लिए

मर्मदर्शी स्वरलिपियाँ

पीयूष दईया जैसे चिन्तक, सर्जक की कविताओं के बारे में शब्दबद्ध कुछ भी उकेरना साधारण बात को भी भाषा में थोड़ा वक्र करके देखने जैसा है। कारण यह है कि पीयूष की कविताएँ अपनी बनक और विन्यास में थोड़ी जटिल और संश्लिष्ट ढंग की हैं। यह जटिलता, जिसका वे अपनी काव्य भंगिमा के लिए अंगीकार करते हैं, दरअसल उनके उस चिन्तक किरदार की रूह से निकलकर कविता की शक्ल में उतरी है, जो समय–समय पर सभ्यता, संस्कृति, कला, दर्शन एवं लोक व्यवहार के अनुशीलन में उनको घेरती रही है। पीयूष के यहाँ, ख़ासकर कविता के घर में, यह सकारण रहा है कि वे भाषा की आत्यन्तिक निजता को रेशा–रेशा विवरणहीन बनाते रहे हैं। इस कला साध्य श्रम में अकसर कविता दुरूह होते हुए भी भाषा के स्तर पर ऐसा सलोनापन भी स्वयं की खातिर ईजाद करती है, जो उनके समवयसी कवि–मित्रों में ढूँढ़ पाना कठिन है। एक बानगी देखने लायक है : *वहाँ आत्मा का वास था/तामसी/...जैसे वह देखती होगी, आसमानी ओसारे से/चुपक चोरनी/छप्पर पर उपले सुखाती/अजान अक्षर।*

इस लिहाज़ से पूरी की पूरी *'तामसी'* कविता में भाषा का कौतुक, बयान की संक्षिप्ति और रहस्य का दोलन देखने लायक है। एक कवि की सर्वथा मौलिक प्रतीतियाँ भी कुछ ख़ास दृश्यबन्धों और अपनी रचना–प्रक्रिया के आन्तरिक दबावों के साथ निभती हुई जैसे कुछ ऐसे अबूझ सत्यों की ओर भी कविता का विस्तार करती हुई नज़र

आती है, जिसमें कई बार इस बात का भी भ्रम होता है कि कवि किसी एक विचार या अनुभूतजन्य कौंध के संस्थापन के लिए कविता से मुठभेड़ कर रहा है अथवा वह किसी सक्षम चित्रकला या लैण्डस्केप की भाँति कई रंगों और रेखाओं का, ढेरों विचारों और मानसिक ऊहापोहों का एवं बहुतेरी काव्य–रुढ़ियों व सूक्तियों का भाषा के कैनवास पर एक मनोहारी कोलाज रच रहा है। *तामसी, लालबत्ती, फलितआपा, गाँठों से छूटता* एवं *यह स्वप्न है* जैसी कविताएँ कवि की बेहद दार्शनिक ढंग की चिन्तन शैली का सर्वथा नवोन्मेषी रूपाकार गढ़ती हुई हिन्दी कविता के समकालीन पन्ने पर दर्ज होती हैं। इन कविताओं को पढ़कर यह भी महसूस होता है कि पीयूष दईया बिल्कुल समकालीन शब्दावली में जैसे सिद्धों के सन्ध्या वचनों का निजी आशयों के तहत पुनर्लेखन कर रहे हैं। पीयूष की अन्यान्य कृतियों ख़ासकर हकु शाह से संवाद की किताब–*मानुष*, मनीष पुष्कले से वार्तालाप *सफ़ेद साखी*, चित्रकार अखिलेश से *अखिलेश : एक संवाद* को पढ़ते हुए और इन कविताओं को उन सन्दर्भों से जोड़कर देखने पर ऐसा लगता है कि वे कुछ ऐसे अनचीन्हे मार्गों, अप्राप्त ब्यौरों, अनसुलझे रहस्यों एवं अकथ क़िस्सागोई को जैसे किसी परिणाम तक पहुँचाने की ज़िद में जूझते, सुलझाते और अन्वेषण करते नज़र आते हैं। जाहिर है, ऐसे तमाम अनजाने और अनचिन्हार रास्तों पर जाने की उनकी इस ज़िद का ही सुफल है कि कविताओं में कई बार भाषा के लालित्य और कौतुक के अलावा भी कुछ अतिरिक्त रोशनी पड़ने लगती है, जो चिन्तन के भीतर से निकलकर उसी तरह शब्दों को प्रकाशित करती है, जैसे किसी सुरंग में मिलने वाली दुर्लभ खोज का पता उसके अबूझ रास्तों में मिलने वाला प्रकाश ही उसे मुहैया कराता है।

संकलन की सबसे महत्वपूर्ण कविता के तौर पर वह कविता–शृंखला मौजूद है, जिसे उन्होंने अपने दिवंगत पिता डॉ. पूनम दईया की स्मृति में बेहद मर्मस्पर्शी ढंग से *'पीठ कोरे पिता'* शीर्षक के अन्तर्गत विन्यस्त किया है। साहित्य में एलीजि या शोकगीत लिखने की परिपाटी बेहद पुरानी और सषक्त रही है। तमाम सारे मूर्धन्य कवियों ने अपने–अपने

ढंग से प्रिय सम्बन्धियों, मित्रों, हितैषियों, नातेदारों एवं कलाकारों के प्रति आस्थावान ढंग से यह कार्य किया है। राइनर मारिया रिल्के से लेकर सूर्यकान्त त्रिपाठी 'निराला' तक हमें यह संवेदनात्मक थाती पूरी हार्दिकता से मिलती रही है। अब उसमें पीयूष दईया जैसे युवा कवि–अध्येता की बेहद निजी आषयों से संस्कारित यह शृंखला अत्यन्त समृद्ध ढंग से इस सूची में सकारात्मक इज़ाफ़ा करती है। हालाँकि अपने प्रियजन, विषेषकर पिता या माँ की मृत्यु, किसी भी तरह से सेलीब्रेट करने या गौरवगाथा के सन्दर्भ में तो कतई नहीं ली जा सकती, कवि ने उसे इस तरह लिया भी नहीं है, मगर अपने व्यक्तिगत दुख और क्षोभ का कविता के बहाने साधारणीकरण करने का जो नैसर्गिक प्रयास पीयूष कर सके हैं, वह भीतर तक भिगोता है और उनके मानुष मर्म में आस्था को कहीं गहरे श्रद्धास्पद भी बनाता है।

उनतीस कविताओं के समुच्चय में गुँथी हुई *'पीठ कोरे पिता'* भाषा और संवेदना के लिहाज़ से भी एक उत्कृष्ट शोकान्तिका में परिणत हो पायी है। बहुत से ऐसे सन्धिस्थल भी इस कविता शृंखला में छूटते रहे हैं, जहाँ पर आसानी से हम पिता–पुत्र के मानवीय रिष्ते की गर्माहट, बेचैनी और संवाद को पढ़ सकते हैं। कुछ पंक्तियाँ बरबस सोचने के लिए विवष करती हैं, जिनमें से कुछ का उद्धरण देना यहाँ ज़रूरी लगता है। मसलन

> क्या इति का नक़ाब है?
> अपनी ही पदचापों से बने
> रास्ते पर
>
> ×　　　　×
>
> हार के आईने से बने मुझ पर
> आप दिखते रहे
> और जीत न सके
> मुझ में भी
>
> ×　　　　×
>
> पेड़ से झड़ गया है पत्ता

जगह में
उसकी नज़र आता है
दाग़
× ×
यह ज़ख़्म जो भरेगा नहीं कभी
धोता हूँ इसे
जाते सूरज को देखते वचन दाई के वस्त्र जैसे मैले हैं।

पूरी कविता श्रृंखला जैसे टुकड़ों–टुकड़ों में, निहायत मर्मभेदी सूक्तियों में और पीयूष के पुत्र होने के दुख में बूँद–बूँद घटती है। कविता, पिता और पुत्र के आन्तरिक सम्बन्धों की छाया को कई तरीक़ों से यह बताती है कि पिता अदीठ ही रह आए और पुत्र की पीठ पर पिता की वंचना का दाग़ पड़ा हुआ है। ऐसे में 'वचन दाई के वस्त्र जैसे मैले हैं' और 'माँ के लिए समय रक्त की तरह बह रहा है', जिसमें उसे एक दुर्लभ प्रलोभन भी मिलता है कि 'आकाश से एक तारा तोड़कर अपनी आँखों में चमका लो या माथे पर लगा सिन्दूर पोंछ लो'। यह जानना प्रासंगिक है कि जिस कवि के यहाँ उसकी अपनी वैचारिक सुषमा के आँगन में कविता कुछ–कुछ सन्ध्या भाषा, कुछ–कुछ उलटबाँसी तो कुछ–कुछ रंगों के कोलाज की तरह उभरती और मिटती है, उसी कवि के घर में पिता के मृत्यु के शोक पर होने वाली कविता सीधी सहज भाषा में इस तरह अपना रास्ता बनाती हुई आगे बढ़ती है कि हम यह मुश्किल से तय कर पाते हैं कि पीयूष की कविताई को भाषा के किस फ्रेम में रखकर उसका समवेत पाठ कर सकें। भाषा के दो विपरीत ध्रुवों पर कविता सम्भव करने के जतन में लगे पीयूष की कविताओं में भी विचार और शिल्प कहीं दोराहे पर खड़े नज़र आते हैं। एक रास्ता उनका ख़ुद के भीतर से होकर गुजरता है, तो दूसरा रास्ता पूरी संवेदना और मार्मिकता के साथ घर से बाहर निकलकर संसार के बेहद में जाता है।

एक तीसरे ढंग की कविताएँ भी हैं, जो पीयूष दईया का कवि होना कुछ सलोने ढंग से सार्थक करती हैं, जब वे किसी बिम्ब, दृश्य

या विचार की पड़ताल में एक हल्का सा इशारा करते हैं अथवा कैमरे के झपक जितने अवकाश में एक विजुअल उतारते हैं। ऐसे में *तरकीब, उच्चार, आकाश, शिलांश, प्रार्थना का अस्तित्व नहीं है, देहान्तरण, बारिश, पिघल जाएंगी तमाम बूँदें, गोया, बसेरा, आँसू, नाभि में, युगल, अनबोला* एवं *चिह्न* जैसी कविताओं को पढ़ा जा सकता है। ये कविताएँ अपनी उठान और सम्पूर्णता में एक सुन्दर दृश्यबन्ध की रचना करती हैं, जिसमें विचार की एक हल्की सी हरारत या कम्पन को बहुत आत्मीयता से महसूस किया जा सकता है। एक गुनगुनाहट, एक ध ीमी सी सिम्फनी, दूर से आती हुई लोकलय पर थिरकती हुई यह कविताएँ अपना मन्तव्य प्रकट करती हैं। इन कविताओं को पढ़ते हुए एक बार फिर हम इस सच से रूबरू होते हैं कि इस कवि के पास भाषा और शिल्प का ऐसा अनूठा संस्कार है, जिससे वह कुछ दूसरे तर्ज़ की कविताओं को रचने में भी माहिर है। पीयूष का चिन्तक मन इन कविताओं में भी कुछ ऐसी सूक्तियाँ गढ़ने का कौशल अर्जित करता है, जो कविता में अलग से परिलक्षित है। उदाहरण के तौर पर हम इन सूक्तियों को अलग से भी पढ़ सकते हैं : योनि के कुंज में बुद्धाभा, गुमनाम अमर बीज (देहान्तरण), पनीले अन्धेरे की ढेरियाँ (प्रार्थना का अस्तित्व नहीं है), फैल जायेगा कुछ क्षणों में आकाश भी (पिघल जायेंगी तमाम बूँदें), एक वाक्य से दूसरे तक आने में (गोया), मुझे बाँचो एक मुफ़लिस इबारत की तरह (मेरा झूठ बगूले के पंख की तरह सफ़ेद था), इतने हल्के से हिलगी कि हल्का हो गया (युगल), उसके क़ैदी होने का फ़ायदा उठाती (अनबोला) आदि।

इस संकलन की कविताएँ इस मायने में समकालीन हिन्दी परिदृश्य में अपवाद सरीखी हैं कि कवि यहाँ चालू मुहावरे के व्यामोह से एक हठधर्मी दूरी बनाता हुआ निजी आशयों की निहायत मौलिक गूँज में घुलकर शब्दों को कविता की ज्यामिति दे रहा है। यह पीयूष दईया की सबसे सार्थक उपलब्धि है कि उनकी कविताओं में भाषा और विचार, शिल्प और विन्यास, निजी और सार्वभौम तथा कला एवं समाज उनकी अपनी शर्तों पर सम्भव हुए हैं। वे अपनी चेतना के उन

तमाम सोपानों को कविता के आलोक वृत्त में सहजता से ला पाए हैं, जो दुर्भाग्य से आज बहुतेरी समकालीन कविता में नदारद है। वे जिस शब्द–अवकाश में जाकर कविता के रूप में अपनी वैचारिकता को नये आशय सुलभ करा रहे हैं, वह उतना ही मौलिक, अनूठा और विचारपगा है, जितना कि उनकी काव्य पंक्तियों में उतरा हुआ प्रकृति और जीवन के उदात्त राग का बिम्ब व रूपक। यह कहना सर्वथा मुनासिब होगा कि पीयूष दईया की यह कविताएँ स्वयं के मानुष–मर्म को सम्बोधित जीवन के उदार संगीत की मर्मदर्शी स्वरलिपियाँ हैं।

यतीन्द्र मिश्र

क्रम

हँसती किताब

चुपचाप
रख आता है एक
पुरानी किताब

पेड़ के खोखल की
भूरी तह के नीचे

साँस लेता सवेरा
जब खोजता है
शब्द
भूसे के सूखेपन में

थके जंगल में
हँसती है किताब

उक़ाब

उक़ाब की पीठ पर सवार
ख़ूब ऊपर उड़ा
बादलों तक

वहाँ से छोड़ दिया उसने

ज़मीन पर गिरने से ऐन पहले
पकड़ लिया फिर

जड़ें

प्रकाश से दूर
अँधेरे में
खोजता

है जड़ें पृथ्वी

में गहरे
पौधे उलझन में हैं

गमला चुप है

परछाईं

कंपकंपाते कँधे पर रखता
उजाला

कहीं कोई
नीले आसमान की परछाईं

जल पर न रख दे
——अँधेरा
जादुई

हाथ की हरकत
ख़तों में बन्द है

आकाश

गर पानी से आकाश
निकल जाय तो शायद

पानी से निकले बग़ैर

पानी में तिरछी दिखती
सीधी हो सकती है
लकड़ी
पानी में ही

पानी पानी हूँ

शिलांश

शिखर पर सदियों से
उघड़ता हुआ
——शिला का अंश——
उतरता है

माधुर्य में

थकान के वास्ते

प्रार्थना का अस्तित्व नहीं है

गहरी गुफ़ा में
पनीले अँधेरे की ढेरियाँ : डूबता उतराता चाँद
ठण्डी वर्षा में भीगती घास : बदलता पानी

वहाँ जहाँ
प्रार्थना का अस्तित्व नहीं है

अनाम

योनि के कुँज में बुद्धाभा : श्रद्धालु मैथुन का
अपुनर्भव ऐश्वर्य
गुमनाम अमर–बीज : पुण्यात्मा का श्रापित
लिंग
दहकती नाभि का अमृत : अभिरत
आयु की पार्थिव भीति

उतर आया

आँख की पुतली में
हौले से
——कल्पना के पीछे
छाया की भाँति——
उतर आया

एक मरे हुए पक्षी की तरह

खोपड़ी

आले में खोपड़ी
भरी है गंदे पानी से

देख लें उसमें
अवसान होता

: अगोतर की किसी दिनांक का

गाँठों से छूटता

पर्णहीन दरख़्त का फफूँदियाहा कंकाल साधे है
अजातिपन–सा।
पास है निस्पन्द पोखर। निशादी
अस्तित्व के विरुद्ध

आदिस्मर्ता जालीदार धुन्ध में खड़े हैं : आगुन्तक
का विराम
––आत्मपरिचयहीन हवा में
निर्बिम्ब

कल्पान्तरीय एषणा–वास। और मैं
नाशवान् हूँ
उसके नीरव दाग़ के वलय में
अध्यास–सा––जैसे कोई
भीतर की गाँठों से छूटता

छूटता
रह जाय

अपने को खो कर

(लेखक ने यह इबारत पोंछ दी है)

सच है, आसमान को आँखों से कैसे देखा जा सकता है?
आसमान देखने के लिए
प्रकाश चाहिए

होने के लिए
आँख

आसमान
व्यक्त होता है अँधेरा

—अपने को खोकर
प्रकाश
और हम देख लेते हैं आसमान

बारिश

बारिश हो रास्ते में
तो भीगना मत
शरण ले लेना

साँस के एवज़ में
वहाँ

अब कोई चिड़िया कभी
अण्डे नहीं देगी

पिघल जाएंगी तमाम बूँदें

तुम्हारी हथेली में
पिघल जाएंगी तमाम बूँदें

फैल जाएगा कुछ क्षणों में
आकाश भी
एक चिड़िया के लिए

जबकि तुम मोमबत्ती जला रहे होगे

गोया

एक वाक्य से दूसरे तक आने में
वह चली जाती है
फूलों को
ज़मीन पर गिरता
छोड़

जिस पर गिर रहा प्रकाश
मुझे ज़ख़्मी करता है

फ़क़त
छूँछा छूँछा

क्षमा करते हुए
सबको

स्वयं को गोया

बसेरा

फुनगी तक जो
चलीं आतीं

छलांग भर
होता आकाश

और तुम होतीं
बसेरे में

जवानी के दिन

1.

ओ! धरती की लड़की
वे जवानी के दिन थे। तुम्हारी चाल में
डोलती हवाओं के बारे में

लोप हो गये

और यह फूल पाँच पँखुड़ियों में पूरा होगा
पुनर्नवा नहीं होगा
फिर

2.

नहीं, कुछ भी ख़ारिज नहीं किया उसने

वह कवि है गर्वीला
चला जाएगा जेबों में डाले हाथ
सीटी बजाते हुए

बाज़रे के खेतों से कव्वे उड़ाता

चिह्न

जब कहीं न था मैं
उसके शरीर में धोखे के चिह्न कहीं न थे
वे हँसी में थे
जो मैं हँस रहा था
उसके दिल से

अपने तक आते

काट कर फेंक दिया
हँसी में धोखे के

दिल
तब कहीं न था मैं

आँसू

आते हैं जब वे
तो लगता है तुम मेरे पास हो
मुझ में से होकर

निकलते हुए भी बाहर
——पोंछता नहीं आँसुओं को
सूखने से उन्हें बचाने का जतन करता हूँ

सो बहते रहो
कि बचा सकूँ

नाभि में

सच है
मुझे जिस्म की तलाश कभी नहीं रही
सब मिलतीं चलीं गयीं
मैं भोगता रहा
——प्यार

काश ! धूल झोंकता समय
अपना पाता

छूट गया जो
जिस्म की नाभि में

अमर है

छुअन

आवाज़ के पता होने में
छुअन है
बारिश की
—बूँदों के जोड़ से बनती

उफ !
यह दिल बना है
चलते चलते

पूरा होता
क़िस्तों के भेस में

हमेशा वास्ते

युगल

1\.

बातों

बातों में न जाने क्या बता डाला
इतने हल्के से हिलगी कि
हल्का हो गया

तो इसका पता है
बातों बातों में

2\.

ऐसा है वह, यह जाना।

अपनी बात में
रहता।

दास

चालाक चाल में चल पड़ी चील
न चुल्लू मिला न चितचोर
––चिह्न बचे रह गये पर
चरणदास के––
चारोंओर चिलकाते
चाल को

चलते चलते
चलता करता दास
चरण को

चिलकों से
चील

अनबोला

क्या यह स्वयं पेड़ है जो बुलाता है
चिड़िया को

या वह आ जाती है अपने से
उसके क़ैदी होने का फ़ायदा उठाती
घोंसले बनाती चली जाती है
वह भी तिनकों से/के!

अनबोला पेड़ प्रतिरोध नहीं करता

मेरा झूठ बगुले के पंख की तरह सफ़ेद था

मेरा झूठ बगुले के पंख की तरह सफ़ेद था

जाओ
और हँसो

मुझे बाँचो
एक मुफ़लिस इबारत की तरह

यह स्वप्न है

मुझे नहीं मालूम मेरा स्वप्न
सोचता क्या है।

—फ्रिदा काहलो

1.

मैं शर्मिन्दा हूँ अपने शब्दों के लिए
जिन्हें आप पढ़ रहे हैं
——यह जानते हुए भी कि ये मेरे हैं
और आप पढ़ रहे हैं
जैसे कि मैंने इन्हें लिखा था

कभी गोया
ताकि बची रहे सारी साँसें
जीने में

कोई जग जाय
और शर्मिन्दा न हो
दरअसल

यह स्वप्न है

2.

उसके चुम्बकीय खिंचाव से अवश जब मैं उस किताब के पन्ने उलटता–पलटता हूँ तब यह उलटना–पलटना उस किताब में होता है, उसे उलटने–पलटने वाले मुझ में नहीं। ऐसा धोखा होता है। व्यक्ति बदल जा सकता है पर किताब नहीं।
यूं स्वयं इस किताब का भेद जिसे पता था, वह मैत्री में था। मैं उसके कमरे में जाने से डरता था। उसके कमरे में होने का मतलब इस अनुभूति के आतंक का सामना करने जैसा था मानो वहाँ हर रोज़ कोई ख़ुदकुशी करता हो
और वहाँ दाख़िल होने के बाद इस अनुभूति से परे चले जाने की कोशिश करने या इससे मुक्त होने का ख़याल मात्र स्वयं अपने ही गले में फँदा डाल लेना।
सो मैं डरता रहा, उसके कमरे में जाने से।
आप कह सकते हैं

मुझ तक उसकी मैत्री के आने के इस इंतज़ार में कि जब मेरे नाख़ून उसकी आवाज़ के अदृश्य धागों से लम्बे होने लगेंगे तो मैं उन्हें यूँ काट लूँगा जैसे एक आदिवासी लकड़ी काटता है, अपना घर बनाने के लिए।
ऐसे उसके कमरे में जाए बग़ैर मैं न केवल किताब का भेद पा लूँगा बल्कि मैत्री का भी।

यह मेरा स्वप्न है, दरअसल।

देखना

गीत चतुर्वेदी के लिए

देखना

जब मैं कविताएँ पढ़ूँ
तब सभागृह में कोई न हो
जैसे भाषा या जीवन में

पढ़नेवाला
तो कतई नहीं
और सुननेवाला कल्पना तक से बाहर

और दर्शक भी
न रहे

आत्मा
जब मैं कविताएँ पढ़ूँ

लिखता हुआ मिलूँ

तरक़ीब

चलते बनो या
सही दाम लगाना आना चाहिए

सौदा पटाने के लिए
आला दर्जे के टिकाऊ व मर्मज्ञ बोलों का

बजाय तरक़ीब के
ये भुरता बना देते हैं वरना

मैं जैसे बन गया हूँ

उच्चार

छादन से चुआने
को थे चुआने
उच्चार
अन्दर ही अटक गये

जेलर जीभ का पहरा कड़ा था

लालबत्ती

यहाँ देश दोबारा गिनती नहीं होती सो हमारे समग्र में
जमीनी जीवित उदासीन थे

सोलह आने से

दुर्दान्त दुर्निवार तारी था : आकाशी छप्पर–तले
यूँ भी उजाले सब श्रापसरीखे थे––
दन्तकथाओं की डोकरी डायन के
डगाली डेरे। डोलते। दिन भी
दराँती भोंकने वाले दरिन्दों में बदल गये थे :
चिमगादड़
तामसी के अँडियाते : उल्टे लटके विक्षिप्त :

: उदात्त के भंगी :

गला रेत ही लेते गर ऊँगलियों तक गल न जाते। वे
बरगदी बिसात वाले आला औकात के थे। सवाक्

सवेरा सीझकर स्याह हो चुका था।

जान हथेली पर रख लड़ा मगर मैदान उन्हीं के हाथ रहा
जिन्दा मात। मुर्दा जीत से बेहतर : सिर मुंड़ा मुंड़ा कर बैठा
तब भी अहर्निशओले।   लानत है, निजात नहीं

: सन्निपातसिफ़त :

तमाम
तड़क गया है
चाक के लिए भला क्या बचा : तमाम : सब दाँव पर
लगा लिया तो पता चला कि पाला बदला जा सकता था

और तुम आदर से सिर नवाते थे।

उत्तरोत्तर जल गये आसरे : काँचकलेजे पर
बरकत ने मुँह फेरा तो घटितघड़ी में
एक लम्बा श्वसन बाक़ी था। तीन कौड़ी का।
दो कौड़ियों वास्ते दर–दर भटकता। पत्तलपाली तक

दूसरों के दान की : तलवे चाटता
हवा हो गया बाल नोचते
सारी साध सिधाई से सिधारी :

बुक्का फाड़े लालबत्ती
तीसरा डग भरने की कोशिश में

शब्दों की शरीफ़ शिराओं ने भी
श्मशानी शऊर शिद्दत से सीख लिया था पर
वे बेशिनाख़्त बिसार में बेराहत थे
: तिमिर के फेफड़ों में फड़फड़ाते
अनाप्त। वक़्फ़ों पर
हासिल सब हलाक़ : वक़्त ही नहीं वजूद भी

चारों ओर बजबजाता बंजर। रक्तसूखा, चिलचिलाता

माथे पर का डिठौना
मक्काई मस्से में बदल गया था : एक तिमिर बर्ज़ख़

हाज़त रफ़ा करता।

स्वप्न में भिश्ती

1.

मश्क लटकाए खड़ा भिश्ती बोला
सुनो :

एक गिलास में उतना ही पानी भरा जा सकता है जितना वह ख़ाली है। भरना जारी रखने में वह न केवल बाहर गिरता रहेगा बल्कि अन्दर बदलता भी।
कौनसा बाहर है कौनसा भीतर। अब यह बूझने के बूते का नहीं।
वह भी हँसेगा, गिलास का पानी। दोनों। अन्दर का पानी, बाहर का पानी। बिना उम्मीद के। बदलता पानी भी।

इतना बोल वह ग़ायब हो गया और मैं गिलास को रोते हुए सुन रहा हूँ।

2.

मश्क लटकाए खड़े भिश्ती को देख इतना घबरा गया कि नाख़ून चबाने लगा पर फिर भी बोला––"एक साँस में भला जाता क्या है?"
वह हँस कर बोला––
"पता चल जाएगा यह अन्तिम साँस में"

जाल जुलाहा

गीत चतुर्वेदी के लिए

जाल जुलाहा
अकेला

जागा
अपने लिए

सारी आँख

जहाँ कोई पक्षी नहीं है
एक पिंजरा आकाश में
सीढ़ी है

गए फूलों से
वहाँ

या बारिश में गिर
एक बच रहा

है
जाल जुलाहा

विज्ञापन

मुझे यह ख़्याल अच्छा लगता है
शैतान को अपना विज्ञापन नहीं करना पड़ता
बाज़ार में
अपने को साबित करने के लिए

सब शैतान हैं

असली को
खोटे में ले आते

छिपाये
सिक्का दिल में

हैं शैतान

दिखा नहीं फिर

स्वर्गीय शिवराज सिंह सिसोदिया के लिए

एक मुक्का भी कभी खुली हुई हथेली
और उँगलियाँ था
—येहूदा आमीखाई

तेज मुक्के मारे धारासार इतने
अँधेरा था जहाँ गली में
वहीं गिर गया

मेरी हथेली पर
सब लाल लाल
लटके थे
ताँबाई ताबीज़ गोधूलि के

—रोशनी
गली बाहर

चेहरा वह छिछड़ा गया जो
दिखा नहीं फिर

खुद्दार और सनकी

कृ. ब. वैद के लिए

चाणक्य मित्र की सिखावन रहती

गेंद अपने पाले में
रखनी चाहिए हमेशा
सुनता वह कवि गर्वीला
खुद्दार मूर्ख का सनकी चेला
उछल उछल
टप्पे टप्पे होती गेंद को
लोक लेता हर बार
डाल आता फिर
अन्यों के पाले में

रहता
यूँ ख़ुश–ख़ुश सनकी चेला
और हँसता वह
खुद्दार मूर्ख

नेपथ्य से

फलितआपा

अशोक वाजपेयी के लिए

इतने कम शब्दों से बना हमारा साझा कि लगभग मौनी था
सुघर सरलता संरचते विन्यास में
जबरजोत का भला क्या काम !

जान साँसत में डली रहती कि अपने काम के प्रति समर्पित
था मैं
अब भी हूँ
ताकि सनद रहे

तब महज़ एक जुमला भर नहीं था यह
जान लो
वे मरेंगे एक फूल की तरह पूरा खिलकर

अपनी आत्मा में अकेले जो शर्तिया एक कवि की है

हलफ़नामा उठाये अपने इनसानी गुनाह कबूल करते
जिनमें मेरा नाम नहीं होगा
हो सकता है औरों का हो
वे जानते है मैं ऐबदार सही पर गर्वीला हूँ
टटल बटल करते अँखुआता

लील जाने दिया जिसने अपना भाग्य
गाबदू घोंघों को
गो अब भी हँस सकता हूँ उनकी नक़्क़ाल
कारीगरी और टुच्चे हौसलों पे।
किरदार जब तक रहा होनहार रहा
अभय से साँस लेते

वे स्वयं एक नश्वर देवता हैं
अन्तारम्भ के अरण्य में
बहुरि अकेला

विस्ताराकाँक्षा के आवेग से सने
गपियाते नामरूप के चौगान में
धरती की न्यौतालिपि ईजाद करते

जिजीविषा के भेद को गहते
दुनियादारी के सारे निशान उनमें हैं अलग मिट्टी से बने
सिवाय अप्रत्याशित के
उनके काँपते कमज़ोर कँधे को अब किसी हाथ की दरकार
नहीं
आत्मा तक उल्टी करते
विलास सब देखे हैं उनने

लेकिन जो बीता उन पर उसे कौन समझेगा

फरिश्ता वह
मेरे फ़ैसलों में मुझे अकेला छोड़ देता हर बार

ऐसा एक स्वाधीन सम्बन्ध जो
एकान्त और सर्जना का निर्व्याज आलोक देता है

मेरी पाटी पर अपनी खड़िया से
कोई पहाड़ा लिखकर मुझे पढ़ाते
ऐसी नौबत कभी नहीं आयी

सबसे सुन्दर रहा यह कि वे मेरी ज़िंदगी के
दाखिलकार नहीं बने
अध्यात्म अभिधाधारी भी हो सकता है यह इसी नाते से जाना

संसारी कामकाज के ऐन बीचोंबीच फलते व साँस लेते
निश्छल हँसी वाला वह
कवि चेहरा है। एक चतुर सुजान

सबकी खाट खड़ी करता

तामसी

दिवंगता के लिए

लौहमेहफ़ूज़ : इस्लामी मेटाफिजिक्स के मुताबिक, आकाश में एक जगह, जहाँ दुनिया में होने वाली सारी घटनाओं का विवरण तो है लेकिन जिसे कोई बाँच नहीं सकता।

दिन छिपने पर
अँधेरे से बनी अवस्त्रा अपना आँचल डाल देती है
एक सोखना काग़ज़ : तामसी

रत्ती तक से रिक्त : घात लगाये
काछ खोलती हँसी वह
जो कुछ कहती
कुछ नहीं वह
वहाँ है तो

गोशा गोशा : तामसी

चाँप लेती लिखत : सांगोपांग : उलीचती
उच्चार
पुतलियों में, फाँसें। एक साँस और

दिनांक
लीपती है : तामसी

पलकों की सिलाई अधबीच छोड भौंहों में तैरने भागती
छूट जाती नाड़ियों में

फटी पड़ी अन्तस्राह
हज़ार पाट हो बहती
अलभ्य : तामसी

बतला सकना कि बाँचना मुमकिन नहीं

यह बिलकुल अबूझ है
तामसी

उसके लोहे को अपना हत्था अगर नहीं दिया होता तो
वह कभी कुल्हाड़ी नहीं बनती
न पेड़ कटता

वहाँ—आत्मा का वास था
तामसी

जैसे वह देखती होगी, आसमानी ओसारे से। चुपक चोरनी।
छप्पर पर उपले सुखाती। अजान अक्षर।

क्या वह चुडैल है? पृथ्वी। पड़ेगा फेरा फिर से।
क्या वह दिव्य की काया है? कुदरत। कुफ्र। कायनात।
कोविद   अन्यत्र को

आँख देती
तामसी

तत्पुरुष नहीं रहा। रक्त से सना।
जोंक
चूसती नहीं। छप छप कर चली जाती है
ख़ुशी
क्या औरत है जिसे पाना मर्दानगी का सबूत हो?

तामसी

पँखुरियाँ, छितरायी। फूल कहीं नहीं।
हर पँखुरी एक फूल है
अपना लो
तामसी

यूँ नथ उतरा जिस्म। काफ़िर

तामसी

उजाला छिपा लेता है
अपने को ज़ाहिर करते अनाकार से छूट

जाती दिखती है

जैसे छाया
तामसी

चारदीवारी लाँघते बिला गयी
गैरिक गम्भीर। गयीं है .उड़ तितली
वासांसि। बाना बदलती :
मधुमक्खी : मुँह में शहद, पुछल्ले में डंक
बारम्बार

तामसी

कागज़ कोरे में लौटती तो
होता यह सारा खेल
छुपछुपा

बरत देखे कौन सगा है किसका
उबलते पानी पर फफोलों जैसे

तो टूट रहे हैं सामने तारे

यह ठीकरा भी माथे ही फोड़ो
चूको मत
तामसी

बरी की बाट जोहते
हाथ को हाथ न सूझे

तलाशटोह तजती कैसे
तिरोहितपाली में वह

अपात्र का बिछोह अधबना : गलहांफ :
मेटती न्यारेन्यौते से
तक्षकी छापें : विस्फारित
: तामसी

सफ़ेद दिन। संसारी। रुई की तरह धुनता। दाग़–दाग़ दास्तां
:
पासा फेंके
अगोत्र चिनता है लगे सूतक को :
वह त्याज्य
जो अगम्य है : कपाल खुलेगा
और अगर कभी नहीं तो कभी नहीं :
इस जन्म में तो इस जन्म में
अगले जन्म में तो अगले जन्म में : एक न एक दिन

कोई फोड़ेगा भी, जब कभी :
गुल्लक : नेतिनामा : एकदा : होनीलेखे का
अत्यल्प। ज़र्रा ज़र्रा
तासीरतिक्त तीर्थ
तामसी

अगर देख सको तो दिवंगता
बिना जाना बीनना जिस जैसा
अनामय : ध्याताचाप
साखी
सकलसूत्र इस भाग में

तामसी

पीठ कोरे पिता

डॉ. पूनम दईया के लिए

1.

मुझे थूक की तरह छोड़कर चले गये
पिता, घर जाते हो?
गति होगी
जहाँ तक वहीं तक तो जा सकोगे

—ऐसा सुनता रहा हूँ
जलाया जाते हुए
अपने को

क्या सुन रहे थे?
आत्मा

शव को जला दो
वह लौट कर नहीं आएगा

2.

शंख फूँकता रहा हमें
——रूह का क़ातिल

अनाम
अन्यत्र से
एक स्वप्न की तरह ऐन्द्रजालिक

वह अपना रहस्य बनाये रखती है

——मृत्यु
प्रकृति का ऋण है

3.

पुराण–प्रज्ञा का फल भला कैसे भूल सकता हूँ!

दाता का वहाँ
मेमने पर दिल आ जाता है
——उसे खाने का

भागते न भागते
शरण लेते
आत्मा

छिपने के लिए है
काया में

ईश्वर से
स्वाँग है लाश

4.

अब आवाज़ से डरने लगा हूँ
साँस में सिक्का उछालने जैसे

—स्वयं को बरजता
माथे में रुई धुनते हुए—

विदा का शब्द नहीं है।

5.

एक कहानी में महज़ कहानी है
जिसे मैंने कभी जाना नहीं

प्रकट होते न होते
मकड़ी के देश में

पृथ्वी
प्रकाश में

पिता
जल जाएंगे

कल

6.

मंज़र

शायद विस्मृति की त्रुटि है
जो मैं बाहर आ गया हूँ

अस्पताल से
अपनी साँस जैसा असली

पिता खो कर

अजब तरह के आश्चर्य में
वेश्या जानती है जिसे

इनसान जीवित के साथ सोता है
मुर्दे के साथ नहीं।

7.

वह क्या है जिसे छिपा नहीं सके
अब प्रकट है जो
––एक लाश––
वियोग–उपहार

जिसे हिन्दू गलने से रोक लेते हैं
ले आते राख में

क्या इति का नक़ाब है?
अपनी ही पदचापों से बने
रास्ते पर

कौन–सा शब्द है जो जीने में आ सके
लाश––

8.

हँसो, हरि।

वे चिरनिद्रा में चले गये हैं तुम्हें देखने के लिए
क्या (अ)परिग्रह है
राह खोजते हुए आगे

बढ़ते चले जाने का
अपने प्रांजल प्रकाश में

ऐसे हमें देखते
हैं

सब में
: निशान उनके नहीं
जो प्रकट हुए
बल्कि उनके जो कभी घटे नहीं
पिता

अनुभूति माया है
हम गल्प

9.

जो नहीं है वह
जीने के लिए एक जगह बन जाती है जहाँ
वाणी शब्द नहीं देती

कलपती
हर साँस में

हमें

10.

जानता था मैं एक दिन
रोक नहीं सकूँगा और
गूँगी चीख़ से सना रह जाऊँगा
सदा के लिए

––मर जाओगे
    फूल–सा––
मासूम दिल लिये अपना
एक दिन
जानता था मैं
दिल से

मर जाएंगे आप

11.

असीम आकाश में सफ़ेद पड़ गये
सारे साल पहले के

जाते ही उनके
तिरोहित

ख़ामोशी
जला आऊँगा

फिर कभी न मिलने के लिए

12.

मेरे पिता ने कभी एक शब्द भी नहीं कहा
अपने दुखों का
न माँ ने

भाइयों से कभी बात नहीं हुई
चलते चलते भी साथ
हम

अकेले रहे
जीवन में

निज एकान्त
सादगी भीतर उदात्त

सजीव
खींच
लिया ना जाने किसने
पिता

बीते कल से आये
सामने हैं
——लाश

हमें अकेला छोड़ देती

13.

और आपने जाना सब
पीठ कर लेते हैं छूटते

ही साँस
लाश

जला देने के लिए
आप,

14.

मैं शर्मसार हूँ कि सारे दाँव जीत गया
यहाँ तक कि सिक्कों को मेरी जेब से
बाहर तक आने की ज़हमत नहीं उठानी पड़ी
शुकगुज़ार हूँ यह कहना न होगा

हार के आईने से बने मुझ पर
आप दिखते रहे
और जीत न सके

मुझ में भी
पिता--

15.

जलाया जाता हुआ वह नहीं जानता
कि वह शव है
छूट गयी शक्ति का

शक्ति शव में है

शोक

16.

क्या सच्ची है कविता कि आत्मा में आ गया हूँ?

सूत के सात धागे लपेटे
पीपल के वृक्ष में ज्यों

माँ है
पौ फटने से पहले

मुझ में देवता का कोई विग्रह नहीं है

17.

सिर्फ़ एक बार पलट कर पीछे देख लेने दो
यवनिका से

कुछ पता नहीं चल रहा
खखूरता मैं राख

टपटप
खडाऊँ स्वर
टिमटिमाएंगे कभी

अबूझ संकेत बने जीवन के

18.

सब ख़त्म

में

कोई कब तक जी सकता है?
कब तक

बग़ैर शब्दों के बोलना है एक भाषा में
जो मेरे पीछे पड़ी है
विफल

करती मुझे
बारम्बार
सुन लेगी जिसे

वह ख़ामोशी होगी
मैं नहीं, पिता।

19.

माँ शब्दों में विश्वास करती हैं
पर उन्हें नहीं आते
ख़ाली हाथ

भला क्या साबित कर सकते हैं?
आये हैं बन्द मुट्ठी, जाएंगे खुले
ख़ाली

घर छोड़ते
हम सब के/को लिये

20.

ओखली में सर दे कर यूँ लौट
आया हूँ
जैसे चिता में पिता

वक़्त। रक्त की तरह बह रहा है
माँ।

आकाश से एक तारा तोड़ कर
अपनी आँखों में चमका लो
या माथे पर पोंछ दो

सिंदूर

21.

हर इनसान को ख़ुश होने–रहने का हक़ है
हो सकता है महान
तिनका तक

इनसान
के लिए

एक

22.

पेड़ से झड़ गया है पत्ता
जगह में
उसकी नज़र आता है

दाग़

यह समझ लिये जाते हुए
कि पत्ता लगा हुआ था वहाँ

कभी
अनुपस्थिति का आकार मात्र

चिह्न
उपस्थित रहा

23.

सुना है
प्राणी अपनी केंचुल छोड़ चला जाता है

——वह क्या है
कि एक बूँद आँसू
गिरा नहीं
आँख से
गति——
सो वहीं गये होंगे

पिता

24.

बीज–कथा पूरी है
अपने से
पेड़ पर फल या पौधे में खिला फूल

यात्रा की बिना पर
अन्त्येष्टि या न जाने किन संस्कारों में

मेरा शामिल होना झूठ होगा
पिता

मैं प्यार करता हूँ आपसे
––आँसुओं के बिना

25.

कक्कारु पिता कहते थे
कोई नहीं जानता कि कल क्या घटने वाला है
—–ओखली में सर दे कर रुको न रुको
घड़ी रुक जाती है।
सो समझो अतीत मिट्टी है और
मरे पीछे सब समाप्त
0
यह ज़ख़्म जो भरेगा नहीं कभी
धोता हूँ इसे
जाते सूरज को देखते वचन दाई के वस्त्र जैसे मैले हैं।

26.

देखते ऊपर

अधरात
इतना अकेला यह घर

खण्डहर हो जाएगा
चुप होते हुए

विरह में

27.

मैं कौन हूँ, पिता?

बचपन में जवाब दे देते
क्यों बड़ा होना पड़ता
उम्र में

वह कौन है जिसने हमें जन्म दिया, मेरे बेटे
लुभाते नातों के पहले
मानो मोम हो
––उन्हीं दिनों की गिनती हो सकती है
जिन्हें हम खो चुके हैं

प्रश्नाश्चर्य में लाते मुझे
जान लो
पिघलती जुदाई में

कभी होना नहीं
और सुन सकने में

छुला लो

ठहरो
जो मैंने कभी कहा नहीं
उसे सुनने

कल्पना हो सकता है जीवन
एक और में तुम्हारा पिता

कल्पना से बाहर रहा

28.

अश्रृव्य शब्द के
श्री विग्रह की अभ्यर्थना में
प्रस्तुत

धागा है
मणि के इन्तज़ार में
(अ)नेक

पिरो लिया जाय मिलते ही
माला में

कल्याण के लिए
पिता

जपता रहूँगा
कौन जाने कब फेरा लग जाय

29.

पीठ कोरे पिता, देखो। मैं, अब मूकमूँछ हूँ।
छल–चिह्नों से छूटते हुए

इस जन्म में दीमक लग गयी है, अहैतुक में फफूँद। काठ के सिफ़र ढोते मेरे सारे शब्द समाप्ति की मालगाड़ी जैसे हैं। हृदय में फ़ालिजग्रस्त, कलपते खोपड़ी में। अँधेरा जो जड़ों का घर है। क्या उन्हें कभी अपनी केंचुल बदलते देखा जा सकता है? कौन जाने।
मेरा कोई पूर्वज नहीं, मैं निर्वंश हूँ। अकेला, एक लाश जैसा। तीन में न तेरह में सुतली की गिरह में। आसमान का सफ़ेद कोढ जो रात में हकलाता–सा चमकता है। टोक की तरह। टिमदिप टिमदिप। अदेय दाने। आँसू का बाहुल्य।
चूते चूते छिटक गया हो जैसे
अन्यत्र को आँख देते

जब चुग लिये दाने ऐबदार हों

□□